Unkraut oder Heilkraut

Die andere Seite der meisten
Unkräuter
die dir in deinem Garten
begegnen können

Band II

Uwe Balzereit

2021

Bibliografische Information der Deutschen Nationalbibliothek:
Die Deutsche Nationalbibliothek verzeichnet diese Publikation in der Deutschen Nationalbibliografie; detaillierte bibliografische Daten sind im Internet über http://dnb.dnb.de abrufbar.
TWENTYSIX – Der Self-Publishing-Verlag
Eine Kooperation zwischen der Verlagsgruppe Random House und BoD – Books on Demand
1.Auflage
© 2016-2021 Uwe Balzereit
Cover: Uwe Balzereit
Herstellung und Verlag:
BoD – Books on Demand, Norderstedt

ISBN: 9783740781408

Unkraut oder Heilkraut
Die andere Seite der meisten Unkräuter
die dir in deinem Garten begegnen können

Jeder von uns kennt das leidliche Übel im Garten.
Man gräbt, man hackt und befreit das Beet von allerlei Unkräutern. Wenige Tage nach der Aussaat, ob Möhre oder Erbse, da macht sich etwas anderes breit im Beet. Wer kennt das nicht?
UNKRAUT!
Aber halt, was ist denn Unkraut, was bedeutet der Begriff.
Viele Lexika oder Rechtschreibungen definieren den Begriff in etwa so:

Als Unkraut bezeichnet man die Pflanzen die zwischen den Kulturbeständen, also wie die besagte Erbse oder Möhre, die nicht das Ziel des Anbaus sind und durch viele Ursachen in den Boden gelangen.
Doch, sind das nur unnütze Pflanzen, die unsere Kulturpflanzen stören und negativ beeinflussen? Zu einem Ja und Nein, denn nicht alle sind einfach nur Störenfriede. Eins ist sicher, Niemand mag Brennnessel zwischen den Erbsen oder Möhren oder zischen den Erdbeeren. Allerdings sind viele Unkräuter wie auch die Brennnessel durchaus nicht unnütz. Sie ist sogar sehr vielseitig.

Aber ich möchte nicht vorweg greifen. Auch soll dies hier kein botanisches Lexikon oder ein Lehrbuch sein. Nein. Dieses Büchlein soll ein kleiner Begleiter werden durch euren Garten oder auf der Wanderung durch unsere schöne Natur.

Vielleicht findet ihr das eine oder andere Kraut wieder und, probiert einfach mal, was es kann. Natürlich kann man viele diese Kräuter auch schon fertig getrocknet oder als Tinktur kaufen, nur zu, auch hier kann man testen was diese tollen Pflanzen bewirken können. Allerdings wäre es doch auch einmal schön, zu erleben, dass man das doch so böse Unkraut aus den eigenen Beeten geerntet hat und daraus einen schmackhaften Tee oder auch etwas gegen die Erkältung tun kann. **Durchaus sei bemerkt, dass diese Kräuter keinen Arztbesuch ersetzen.** Aber einige der feinen Kräuter sind durchaus in der Lage den Weg zu Genesung zu beschleunigen.

So, nun raus mit euch in den Garten, in die Natur.

Ackersenf

(Sinapis arvensis)

Jeder von uns kennt Senf, zum Verfeinern von Saucen, zum Dippen oder einfach nur zum Senfei. Schön die Römer und die Griechen kannten den Senf. Diese sprachen dem allerdings allerlei Sachen zu, wie Senf schärfe den Verstand oder mit Samen von Senf konnte man Männer anziehend machen. Feingehackte Blätter können als Gewürz dienen. Blütenknospen können wie Brokkoli zubereitet werden. Krautige Teile sind nach längerem

Kochen als Gemüse geeignet. Auch machen die feingehackten Blätter vom Senf einen frischen Quark sehr schmackhaft. Nicht nur in der Küche lässt sich Senf verwenden, auch in der Heilung kann man Senf einsetzen. Er fördert die Durchblutung und regt die Verdauung an. Senf hilft auch rheumatische Schmerzen, Halsweh, Bronchitis, Verdauungsbeschwerden und Gelenkschmerzen. Hilfreich hier sind: Schleimstoffe, fettes Öl und Senfölglykoside, viel Vitamin C und Mineralstoffe.

Andere Anwendungsgebiete: Wo Ackersenf wächst, werden Nematoden abgewehrt. Außerdem tötet Ackersenf Pilze im Boden. Ackersenf hat eine bodenreinigende Funktion.

Ackersenf eignet sich auch sehr gut als Gründünger.

Ackerwinde
(Convolvulus arvensis)

Die Ackerwinde (Convolvulus arvensis) ist eine mehrjährige Ranke.
Ihre Ranken wickeln sich um alles, was sie „greifen" können und sind dabei sehr hartnäckig. Ackerwinde findet man recht oft auch im heimischen Garten.
Die Ackerwinde ist vorwiegend auf der Nord- und Südhalbkugel zu finden. Für ein „Unkraut" hat die Ackerwinde recht schön

anzusehende Blüten. Die weißen bis Lila gefärbten Trichter können verschieden Größen haben. Die Blätter erkennt man an ihrer Pfeilförmigkeit, die entlang des Stängels wachsen.

Ackerwinde Blüten

Verwendete Pflanzenteile:

Man kann fast alles von der Pflanze verwenden.
Die Wurzeln sowie die grünen Teile der Ackerwinde sind in der Heilkunde von Bedeutung.
Bereits im Mittelalter war die Ackerwinde als „Hexensalbe" bekannt und wurde vielfach eingesetzt. Allerdings muss hier gesagt werden, die Ackerwinde ist **GIFTIG,** somit wird eine schwache Dosierung empfohlen. Oder man kauft sich fertige Präparate.
Verwendung der Wurzel:
Die Wurzel und das darin enthaltende Harz haben eine abführende Wirkung.
Blätter:

Ein Tee aus Blätter hat ähnlich abführende Wirkung, allerdings etwas schwächer. Man kann diesen Tee auch gegen Menstruationsbeschwerden.
Die Blüten der Ackerwinde haben ähnliche Wirkungen wie die Wurzel und die Blätter. Es wird der Ackerwinde noch mehr Heilwirkung nachgesagt, allerdings ist Vorsicht geboten. Umschläge und das behandeln offener Wunden oder Beine ist sehr fragwürdig und wird nicht empfohlen.
Die Ackerwinde ist eines der wenigen häufigen Unkräuter, die nichts auf dem Speiseplan zu suchen haben.

Ackerwinde im Mais

Gemeiner Beifuß
(Artemisia vulgaris)

Beifuß ist ein unauffälliges Gewächs. Wenn auch es Größen bis zu einem Meter und mehr erreichen kann, ist es dennoch in unseren Gärten weniger anzutreffen. Häufig steht es im großen Kartoffelbeet neben der Melde. Ansonsten sieht man es eher am Straßenrand oder an Böschungen. Dennoch hat Beifuß einen bemerkenswerten Stellenwert, sei es in der Küche als auch als Heilpflanze. Als eine der wenigen bekannten Indikatorpflanze dient Beifuß auch dazu Stickstoffhaltige Böden anzuzeigen.
Auf Grund der vielen Unterarten möchte ich hier den bei uns am meisten verbreiteten europäischen Beifuß schreiben.

Beifuß erkennt n man an den Lanzetten oder sichelförmigen Blättern. Blätter, die bis zu 10cm lang werden können. Auffällig ist die Farbe der Blätter, die von Dunkel- bis zu Grau hin tendieren.
Beim Zerreiben der frischen Blätter entsteht ein auffallend würziger Geruch.

junger Beifuß

Die traubenartigen Blütenkörbe können bis zu 4mm groß werden. Bleiben dennoch unauffällig.

Beifuß in der Blüte

Verwendung in der Küche:
Der bittere- aromatische und würzige Geschmack der Pflanze lässt sich, vielfach einsetzten. So kann

man die jungen zarten Triebe einem Salat beifügen, aber auch die Blüten und Blätter, frisch oder getrocknet zum Würzen von schweren Fleischgerichten verwenden, wie zum Beispiel. Gänsebraten oder Wild.

Beifuß als Heilpflanze:
Bekannt ist, dass Beifuß als Tee gereicht wird und den heilenden Prozess bei:
Kopfschmerzen
Übelkeit
Galle- und Leberbeschwerden.
Wechseljahresbeschwerden beschleunigen kann. Allerdings sollte der Tee nicht länger als eine Woche zu sich genommen werden. Bei Schwangerschaft wird empfohlen, auf den Tee zu verzichten. Da Beifuß Allergien auslösen kann, wird dazu geraten, immer den Hausarzt zu Rate zu ziehen.

Taubnessel oder Goldnessel
(Lamium galeobdolon)

An Nährstoffreichen, feuchten Böden ist die Goldnessel leicht anzufinden und erscheint dann dort auch recht zahlreich.

Wuchshöhe: ca. 15 cm bis 60 cm;

Aussehen:
Brennnesselartige Pflanze ohne Brennhaare, Oberlippe der Blüte gebogen.

Goldnessel in der Blüte

Wenn auch die Goldnessel, nicht so oft im eigenen Garten anzutreffen ist, kann und wird sie, sogar kultiviert da ihr Einsatzgebiet sehr groß ist. Die Goldnessel erfreut sich nicht nur in der Küche, sondern auch als Heilpflanze großer Beliebtheit.
Ihr Geschmack ist würzig/pilzig. Es gibt derzeit eine riesige Fülle von Rezepten.
Genannt werden könnte da: als Spinat, Füllungen für Braten und Nudelgerichte, Suppen, Aufläufe etc.

Heilende Anwendungen:

Zu dem guten Geschmack der Goldnessel kommen dann auch noch die heilenden Wirkungen. Goldnessel kann lindernd wirken bei: Bronchitis, Katarrhen, Beschwerden im Magen-Darm-Trakt und bei Fieber, Gicht und Hautproblemen wie Juckreiz, Schwellungen, Nagelbettentzündungen.

Acker-Schachtelhalm

(Equisetum arvense)

Namen:
Zinnkraut, Katzenschwanz, Fegekraut, Katzenwedel, Pferdeschwanz, Schaftheu, Pfannenputzer, Scheuerkraut

Familie: Schachtelhalmgewächse (Equisetaceae)
Verwechslungsgefahr: mit dem giftigen Sumpfschachtelhalm.

Ackerschachtelhalm ist Relikt aus vergangen Zeiten, als Europa noch von einer ewigen Eisschicht bedeckt war. Bis heute hin hat sich das urzeitliche Gewächs erhalten und hilft uns bei vielerlei Dingen und Beschwerden.
Ackerschachtelhalm ist sehr hartnäckig und breitet sich sehr schnell aus, wenn der Boden und die Umgebung es hergibt.
Dennoch sollte man hier einmal genau hinschauen denn, Ackerachtelhalt ist nicht nur uralt,

nein, dies Pflanze ist noch mehr zu gebrauchen als nur als Heilpflanze zu verwenden. Einige der Namen verraten es ja auch bereits.

Die Namen Zinnkraut oder Pfannenputzer sagen ja einiges aus. Denn zum Putzen von metallen vornehmlich Zinn, aber auch für Kupfer und Silber eignet sich das frische Grün sehr gut. Wenn man das Kraut des Ackerschachtelhalms auf einer, zum Beispiel, Centmünze verreibt, sieht man sehr schnell, wie stark die reinigende Wirkung ist. Der Grund ist der hohe Anteil von Kieselsäure.

Aber wie bereits geschrieben in der Heilung wird

Ackerschachtelhalm sehr vielseitig eingesetzt.
Als Tee wirkt Ackerschachtelhalm entzündungshemmend, blutstillend, gegen Magenbeschwerden, Husten.
Es lassen sich Salben und Tinkturen herstellen.

Verzehr:
Ackerschachtelhalm hat einen holzigen Geschmack und ist daher nicht so gut in der Küche einzusetzen. Einige schwören die Wirksamkeit in Smoothies.

Ackerschachtelhalm

Andere Anwendung:
Dieses Unkraut lässt sich sehr gut als Pflanzenschutzmittel nutzen. Man erstellt einen Wasserauszug. Ich selber mische das ganze mit Giersch, Brennnessel und lasse 14 Tage das ganze Gemisch aufgefüllt mit Wasser stehen.
So hilft dieses Gemisch dann gegen Braunfäule, gegen Milben, Mehltau und Krautfäule.

Breitwegerich

(Plantago major)

Breitwegerich

Jeder hat sie schon einmal gesehen, die breiten gemaserten Blätter. Der lateinischen Bezeichnung gegenüber sollen sie an Fußsohlen erinnern daher der Name. Breitwegerich ist überall in Europa zu finden. Aber auch fast auf der ganzen Welt.

Namen:
Großer Wegerich, Ackerkraut, Wegtritt

Dieses Unkraut eignet sich sehr gut als Gemüsepflanze.
So kann man aus den älteren Blättern eine Art Sauerkraut herstellen. Ein Spinat ist auch sehr geschmackvoll. Aber fein gehackt findet der Wegerich auch seinen Weg zum Quark oder einfach nur auf das Butterbrot.
Die langen jungen Stiele erinnern an Spargel im Geschmack.
Die Wurzel, die man im Herbst erntet, wird gekocht wie ein Wurzelgemüse und findet in Eintöpfen einen guten Platz.

Heilende Wirkung:
Der Breitwegerich kann eingesetzt werden bei müden Füßen. So sagt man, wenn man ein Blatt wie eine Einlegesohle benutzt soll es gegen Blasenbildung helfen.
Die zerstampften Blätter können Mückenstiche lindern, wenn diese dort aufgetragen werden.
Ein Tee von den Blättern wirkt heilend bei:
Magenschleimhautentzündung, Husten, Harnwegsentzündungen Außerdem hat Breitwegerich eine blutstillende und antibakterielle Wirkung.

Neben dem Breitwegerich ist auch noch der Spitzwegerich bekannt, dem eine noch besser Heilwirkung nachgesagt wird. Auch auf dieses Unkraut möchte ich eingehen.

Die Verwendung in der Küche ist auch hier ähnlich wie beim Breitwegerich und steht dem im Geschmack nichts nach.
Die proteinreichen Samen sind eine beliebte Knabberei und auch heilende Anwendungen.
Die Wegeriche sind wunderbare Erste-Hilfe-Pflanzen für unterwegs.

Spitzwegerich

Der Spitzwegerich ist vom Breitwegerich sehr gut durch die Form der Blätter zu unterscheiden. Bekannter ist der Spitzwegerich als Heilpflanze, aber wie bereits erwähnt sind auch hier die Blätter essbar. Auch hier kann man sehr kreativ sein.

Spitzwegerichblüte

In der Heilung allerdings ist Spitzwegerich sehr beliebt.

Schon alte Schriften berichteten von der guten Heilwirkung des Wegerichs.
Ähnlich wie der Breitwegerich kann das zerrieben Blatt Mückenstiche lindern. Aber es wird auch bei Husten, Heiserkeit, Blasen und Nierenbeschwerden.
Bekannt ist Spitzwegerich auch als „Grünes Pflaster".
Durch die Kieselsäure wirkt das Blatt blutstillend. Allerdings muss das Blatt vorher gut gereinigt werden. Auch eine fiebersenkende Wirkung wird dem Spitzwegerich zugeschrieben.

Spitzwegerich

Diese war nur ein ganz kleiner Exkurs durch die Kräuterwelt, die allerdings jetzt schon zeigt, was alles essbar ist und, vor allen Dingen wie hilfreich die bis dato vorverurteilten Unkräuter sind. Ein Fachbuch oder Lexikon, soll dies Büchlein wahrlich nicht sein. Extra großgeschrieben und einfache Beschreibungen mögen dich Informieren und dich anregen, vielleicht mehr zu erfahren. Öffne die Augen und du wirst bemerken. Es gibt mehr, als du denkst. Probiere einfach mal aus und lass dich verwöhnen mit den neuen Eindrücken.

Außerdem sind folgende Bücher erschienen:

Unkraut oder Heilkraut

Die andere Seite der meisten Unkräuter, die dir in deinem Garten begegnen können.
Uwe Balzereit

Paperback

64 Seiten

ISBN-13: 9783740780890

Verlag: TWENTYSIX

Erscheinungsdatum: 04.03.2021

Sprache: Deutsch

Farbe: Ja

Allessia und ihre fantastischen Träume: Kurzgeschichten einer Träumerin (Deutsch) Band I

Allessia ist 12 Jahre alt und verbringt die meiste Zeit alleine. Sie ist anders als die anderen. Darunter muss sie sehr leiden. Sie verbringt die meiste Zeit mit Ihrer Oma. Eines Tages als Alessia in die Bibliothek geschickt wird, bringt sie ein geheimnisvolles Buch mit nach Hause. In diesem befindet sich allerdings kaum etwas Geschriebenes. Jedes Kapitel beinhaltet nur wenige Zeilen. Es ist die Aufgabe von Alessia, diese Geschichten zu einem Ende zu bringen.

Herausgeber: TWENTYSIX; 1. Edition (21. Januar 2021)
  Sprache: Deutsch
  Taschenbuch: 58 Seiten
  ISBN-10 : 3740779942

ISBN-13 : 978-3740779948
Lesealter : ab 11 Jahre
Abmessungen : 12.7 x 0.36 x 20.32 cm

Magierbund Band I bis III

(Magierbund Band I)

Produktinformationen
Taschenbuch: 228 Seiten
Verlag: TWENTYSIX; Auflage: 1 (6. Oktober 2017)
Sprache: Deutsch
ISBN-10: 3740732830
ISBN-13: 978-3740732837

Klappentext
Adam, der bis dato ohne Sorgen aufwuchs und das Leben leicht nimmt, muss sich der Verantwortung stellen. Dass er in der Lage ist, Magie zu weben, verunsichert ihn zunächst. Doch mit Emiliana als Behüterin an seiner Seite begibt er sich auf eine ungewisse Reise zu großen Abenteuern voller Missgunst, Krieg und Leid, aber eben auch der wahren Liebe...

Die Festung der Flüche (Magierbund Band II)

Produktinformationen
Taschenbuch: 324 Seiten
Verlag: TWENTYSIX; Auflage: 3 (21. Dezember 2017)
Sprache: Deutsch
ISBN-10: 3740732733
ISBN-13: 978-3740732738

Klappentext
Einst lebte Adam sorgenfrei in den Tag hinein. Wohlbehütet von Mutter und Vater kümmerte er sich um nichts außer sich selbst. Heute, nachdem er alles hinter sich gelassen hat, führt er eine Truppe Soldaten und Elfen an. Sogar Könige verneigen sich vor ihm, denn er kann Magie weben, eine Kraft, die er sich niemals hätte vorstellen können. Doch das Wichtigste in seinem Leben ist die kluge und wunderschöne Emiliana. Sie vertraut ihm bedingungslos und weiß, welcher der Rechte Weg ist...

**Grywald
(Magierbund Band III)**
Produktinformationen
Taschenbuch: 392 Seiten
Verlag: TWENTYSIX; Auflage: 2 (8. Oktober 2018)
Sprache: Deutsch
ISBN-10: 3740745894
ISBN-13: 978-3740745899
Klappentext
Das Land hat sich gewandelt, so wie die Zeit. Alles hat sich verändert in Arida, nur die Festung der Flüche scheint von alledem unberührt zu bleiben. Und hier beginnt die Geschichte von Luana und Dylan: „Kinder von Emiliana und Adam". Sie wurden mit magischen Fähigkeiten geboren, wie kein anderer in Arida. Sie müssen sich der dunklen Macht von Zoria stellen, um die Existenz aller Welten zu bewahren. Komm mit auf eine Reise voller Magie und triff neue und bekannte Gesichter.

Notizen